W0238180

MATTHIAS LEIS
THOMAS OCHS
JOHANNES TREFFERT

Singen beten Glühwein trinken

MATTHIAS LEIS
THOMAS OCHS
JOHANNES TREFFERT
Singen
beten
Glühwein
trinken
24 HALTESTELLEN
VOR WEIHNACHTEN
echter

Inhalt

Vorwort

Was verbinden Menschen mit der Vorweihnachtszeit? Einige werden positiv an Weihnachtsmärkte und Glühweinduft denken. Andere verknüpfen damit vielleicht eher negativ Hektik und Stress. Es gibt aber auch welche, die sich ganz bewusst auf Weihnachten vorbereiten wollen.

Dieses Buch bietet an 24 Haltestellen die Gelegenheit, ohne großen Aufwand den Alltag zu unterbrechen. Ob alleine oder in der Gruppe: Die Texte, Impulse und Gebete wollen zusammen mit den Bildern den Tagen im Advent mehr Tiefgang geben und auf Weihnachten einstimmen. Jeder Tag kann mit eigenen Ideen und Liedern weiter ausgestaltet werden. Das Glühwein-Trinken gehört dabei genauso dazu wie das Singen und Beten.

Wir danken allen ganz herzlich, die zum Gelingen dieses Buches auf verschiedene Weise beigetragen haben, besonders Ute Baumann, Sven Bogner und Louis Grauf. Mit dem Bild auf Seite 86/87 wünschen wir, die Autoren, allen Leserinnen und Lesern viel Freude und Inspiration an den 24 Haltestellen und, wenn es so weit ist, ein frohes und gesegnetes Weihnachtsfest!

Matthias Leis · Thomas Ochs · Johannes Treffert

Vorfreude
Dezember
Advent
ANKOMMEN IM ADVENT
im
Katholischen
Stadtdekanat Mannheim
ADVENT?!

1 Ankommen

HALTESTELLE 1

Ankommen

Der Advent lädt zur Gelassenheit, zum Frieden und zur Besinnung ein. Leichter gesagt als getan, wenn ich mir das Gedränge in den Kaufhäusern, die Hektik in der Stadt und den Stress der vorweihnachtlichen Planungen anschaue.
Letztes Jahr sind wir, eine Gruppe Haupt- und Ehrenamtlicher, unter dem Motto »Ankommen im Advent« auf die Straße bzw. an die Bus- und Straßenbahnhaltestellen Mannheims gegangen. Wir haben dort eine »Ersatzhaltestelle« aufgebaut und den Menschen so die Möglichkeit gegeben, in der Hektik des Advents einmal kurz an- und innezuhalten: mit Basteln, Kaffee- oder Glühwein-Trinken, Gesprächen, Musik und Gesang.
Viele Menschen haben das Angebot angenommen, sind stehengeblieben, haben einen Impuls mitgenommen, haben sich mit uns unterhalten oder haben der Musik gelauscht.
Eine kurze Haltestelle mitten im adventlichen Alltag, jeden Tag an einem anderen Ort mit unterschiedlichsten Begegnungen. Dieser Advent

war wirklich entschleunigt und hat mir durch die tägliche Auseinandersetzung mit dem, was Advent meint, ein Ankommen ermöglicht.

Was daraus folgen kann

Advent heißt übersetzt Ankunft. Gemeint ist in erster Linie das Ankommen Gottes bei den Menschen – in Jesus Christus als Mensch.

Gott kommt leise und ohne großes Trara mitten in einem ärmlichen Stall zur Welt. Der Großteil der damaligen Bevölkerung dürfte es nicht einmal mitbekommen haben. Hätten Engel und Stern nicht als sichtbare Zeichen den Hirten und Weisen geholfen, wäre dieses Ereignis vielleicht sogar an ihnen vorübergegangen.

Auch heute gilt: Gott will in Jesus Christus bei uns ankommen. Das darf bei aller Hektik nicht verpasst werden. So steht der Advent auch für mein persönliches Ankommen.

Auf sein Kommen können wir uns vorbereiten, damit dieses Ereignis nicht an uns vorbeirauscht. Die be-sinn-liche Zeit fragt nach dem, was für mich Sinn macht und wie Gott bei mir ankommt. Für Maria und Josef war der Stall die Haltestelle, an der sie und Gott endlich ankommen konnten.

Impulse

- Wie bin ich in dieser Zeit da?
- Was steht in meiner Adventszeit im Vordergrund?
- Welche Sterne und Engel weisen mich auf Gottes Gegenwart hin?
- Wo will ich ankommen?
- Welche Haltestellen brauche ich in dieser Zeit?
- Wo kann ich für andere eine Haltestelle sein?
- Wo und wann wird Gott für mich Mensch?

Gebet

Raus aus der Hektik,
raus aus dem Stress,
Mensch werden
wie Gott:
leise und klein.

Geduldig verzeihen,
hingehen statt wegsehen,
Mensch werden
wie Gott:
gütig und barmherzig.

Offen werden für Begegnung,
Hoffnung sein für andere,
Mensch werden
wie Gott:
liebend und rettend.

2 Freu dich nicht zu spät!

HALTESTELLE 2

Freu dich nicht zu spät!

Nach der stressigen Adventszeit im vergangenen Jahr habe ich mir vorgenommen, es in Zukunft anders zu machen: rechtzeitig Geschenke besorgen, früher die Weihnachtspost erledigen, weniger Termine haben, nicht auf alle Adventsfeiern gehen usw. Nun steht schon wieder Advent vor der Tür und ich merke, wie meine Vorsätze zu scheitern drohen. Mit diesem Druck im Nacken beschließe ich, wenigstens meinen Schreibtisch mal wieder zu ordnen und dann zu schauen, ob noch was Positives am Zeit- und Organisationsplan für diesen Advent zu machen ist. Beim Aufräumen eines Papierstapels fällt mir ein bis dahin unbeachtetes Blatt in die Hand mit dem Spruch: »Freu dich nicht zu spät«. Normalerweise – so geht es mir durch den Kopf – heißt es doch: »Freu dich nicht zu früh«. Der abgewandelte Spruch beschäftigt mich: Gibt es ein »zu spät« – in der momentanen Situation bezogen auf die Freude an Weihnachten?

Was daraus folgen kann

In der Adventszeit kann es passieren, dass durch vielerlei Verpflichtungen die Freude auf Weihnachten nicht da ist bzw. sich erst spät einstellt. Die Vorbereitung des Festes kann so in Beschlag nehmen, dass die Freude daran auf der Strecke bleibt und die eigentliche Feier mit »hängender Zunge« und ziemlich erschöpft erlebt wird. Auf ein Blatt Papier notiere ich mir, worüber ich mich schon jetzt freuen und wie ich meine Arbeit in der Adventszeit unter dem Stichwort »Freude« gestalten will. Nach einer halben Stunde merke ich, wie ich ruhiger geworden bin. Mir wird klar: Es kommt nicht nur darauf an, was ich alles erledigen will, sondern wie ich an die Vorbereitung herangehe. Mittlerweile habe ich es geschafft, mir jeden Tag zumindest eine halbe Stunde für etwas Freudiges Zeit zu nehmen. Wem es gelingt, nicht ängstlich oder verbissen an die Vorbereitung heranzugehen, bei dem relativieren und ordnen sich viele Dinge. Lieber mit Freude ein Fest vorbereiten – auch wenn nicht alles perfekt ist – als perfekt etwas vorzubereiten, bei dem dann das Wichtigste zu spät kommt oder ganz fehlt: die Freude.

Die biblischen Weihnachtstexte berichten von einer auf den ersten Blick völlig unorganisierten

Geburt Jesu: Maria hochschwanger mit Josef unterwegs. Keine Herberge gefunden. Auf den letzten Drücker wenigstens einen Stall als Obdach. Eine Futterkrippe als Wiege. Fremde Hirten als erste Gäste … Und trotzdem: große Freude über all das, was geschehen ist.

Impulse

→ Bestimmt die Freude an Weihnachten und anderer wichtiger Feste die Vorbereitung darauf?

→ Kann ich mir bewusst Zeit für diese Freude nehmen?

→ Welche Sorgen und Ängste hindern mich an der Lebensfreude bzw. lassen Freude erst spät aufkommen?

→ Schaffe ich es, in guter Weise zu »relativieren«, d.h. mich von dem zu befreien, was mich von der Freude und vom Inhalt des Festes entfremdet?

→ Kann ich – auch im Blick auf die biblische Erzählung von der Geburt Jesu – darauf vertrauen, dass sich das Wesentliche auch unter nicht perfekten Umständen zeigt?

Gebet

Gott, manchmal geht uns vor lauter Planen und Organisieren die Freude am Inhalt verloren. Hilf uns, dass wir uns nicht zu spät freuen. Lass uns wie die Menschen damals über deine Menschwerdung dankbar staunen. Und gib, dass diese Freude unser ganzes Leben bestimmt.

3 Alle Jahre wieder – oder doch ein Neuanfang?

HALTESTELLE 3

Alle Jahre wieder – oder doch ein Neuanfang?

Manche lieben sie, andere hassen sie: die Weihnachtsmärkte. Mit der Adventszeit startet auch ihre jährliche Saison … Ich gehöre zu der Gruppe, die die Weihnachtsmärkte liebt. Das Schlendern über die Plätze, die vielen verschiedenen Weihnachtsdüfte in der Nase, überall helle Lichter, Glühweinstände, Menschenmassen, die sich an den kleinen Hütten vorbeidrängen … Für mich gehört das einfach dazu, zum Advent, zur Einstimmung auf Weihnachten, jedes Jahr aufs Neue … All diese Dinge wecken bei mir Kindheitserinnerungen und das Gefühl von Geborgenheit. Und eines erfreut mich auch immer wieder: eine Weihnachtspyramide. Jene mehrstöckigen Krippenlandschaften, die sich durch Kerzenwärme im Kreis drehen. Immer wieder das gleiche Motiv, das an meinem Auge vorbeizieht, und doch entdecke ich Runde für Runde etwas Neues, sehe neue Details, bemerke etwas, das ich vorher nicht gesehen habe … Immer das Gleiche, und doch immer wieder neu.

Was daraus folgen kann

Wir Menschen suchen die Abwechslung, immer braucht es etwas Neues, wir wollen immer mehr erleben. Überall hört man auch die Forderung: »Wir müssen neu anfangen«, uns »neu aufstellen«, »neu zueinanderfinden« usw. Und ja, im Neuanfang steckt ein Reiz, ein Zauber, und das Leben ist voll von neuen Anfängen, den kleinen wie den großen. Aber gerade weil das so ist, sehnt sich der Mensch auch immer wieder nach Geborgenheit und Sicherheit, nach Bekanntem, Bewährtem, Vertrautem. Gerade die Adventszeit mit den immer gleichen oder ähnlichen Ritualen und Symbolen knüpft an diese menschliche Sehnsucht an und trifft bei vielen Menschen ins Herz. Mitten im ständigen Neuanfang plötzlich das Vertraute, eben »alle Jahre wieder«… Auch Jesus braucht den Wechsel zwischen ständigem Neuanfang, neuen Begegnungen, neuen Orten, neuen Menschen, neuen Aufgaben und Zurückgezogenheit, Auftanken, sich selbst Kraft holen, Erholung erfahren. So erzählt uns die Bibel, dass er sich dazu immer wieder zurückgezogen hat. Im Advent wollen wir ja auch immer wieder neu anfangen, nehmen wir uns dies und jenes vor. Vielleicht gelingt es besser, wenn wir erst einmal »auftanken«. Wenn wir Menschen oder Orte aufsuchen, die uns guttun. Wenn wir mit Freunden auf den Weihnachtsmarkt gehen und bei Punsch oder Glühwein in Erinnerungen an »alte Zeiten« schwelgen. Wenn wir Kindheitserinnerungen aufkommen lassen, wenn Vertrautes unser Herz einnimmt, wenn die Weihnachtsstimmung uns erfüllt. Dann kann auch wieder ein Neuanfang gelingen, entschiedener, kraftvoller. Dann erkenne ich neue Details im scheinbar immer Gleichen. Dann ist »alle Jahre wieder« nicht nervig, sondern Ansporn und Chance: im Gleichen einen Neuanfang zu setzen. Denn daraus besteht das Leben, aus diesem Zusammenspiel von Vertrautheit und Abwechslung.

Impulse

→ An welchem Punkt in meinem Leben wünsche ich mir einen Neuanfang?

→ Welche Menschen oder Orte wecken in mir das Gefühl von Vertrautheit und Heimat?

→ Welche Erinnerungen an Weihnachten trage ich in mir? Positive? Negative? Kann ich mich (trotzdem) auf diese Zeit einlassen?

→ Welche Rituale sind mir wichtig in meinem Leben / Alltag?

→ Erkenne ich im »Immer-Gleichen« die Chance auf Neuanfänge?

- Entdecke ich in all dem auch Gott?
- Mit wem plane ich den nächsten Besuch auf dem Weihnachtsmarkt?

Gebet

Gott, du bist der ewig Gleiche, und doch begegnest du Menschen immer neu und auf unterschiedliche Art und Weise. Auch unser Leben ist von diesem Wechsel geprägt. Hilf uns, im Alltäglichen und Beständigen deine Gegenwart wahrzunehmen und in den neuen Herausforderungen zu erkennen, dass du mutige Menschen suchst, die bereit sind, Neuanfänge zu setzen, wie du selbst es in der Menschwerdung Jesu getan hast. Öffne unsere Augen, unseren Verstand und unsere Herzen, auf dass wir erkennen, wo und wie du uns begegnen willst. Wo und wie dein Weg unsere Wege kreuzt und bereichert im Neuwerden des Vertrauten, in deiner Ankunft, im Advent.

4 Aufblühen

HALTESTELLE 4

Aufblühen

Am 4. Dezember, dem Gedenktag der heiligen Barbara, werden oft Obst- oder Forsythienzweige von den Bäumen geschnitten und ins Wasser gestellt, die dann an Weihnachten aufblühen. Hintergrund dieses Brauches ist die Legende, dass Barbara von ihrem eigenen Vater verfolgt und misshandelt wurde, weil sie sich gegen seinen Willen dem Christentum zuwandte und sich taufen ließ. Auf dem Weg ins Gefängnis streifte sie den Zweig eines Baumes. Dieser brach ab und verfing sich in ihrem Gewand. In ihrer Zelle, so die Legende weiter, habe sie den Zweig mit Tropfen aus ihrem Trinknapf benetzt. In den letzten Tagen ihres Lebens, schon im Bewusstsein ihres Todesurteils, fand sie Trost darin, dass der Zweig in ihrer Zelle blühte. Barbara sah in dem anfangs wie tot aussehenden dürren Zweig, der nun in voller Blüte stand, ein Bild für ihr eigenes Leben, das nach ihrem Tod bei Gott neu aufblüht und sich vollendet.

Was daraus folgen kann

Weltweit halten auch heute noch viele Menschen trotz Verfolgung und Todesgefahr an ihrem Glauben fest. Im Gegensatz zu den selbsternannten Märtyrern, wie z. B. den Selbstmordattentätern, sind wahre Glaubenszeugen wie Barbara friedfertig und gewaltlos. Das scheinbar Schwache und Wehrlose erweist sich als das letztlich Stärkere und Beständige, das zu neuem Leben aufblüht. Es gibt auch Menschen, die sich aufgrund einer aktuellen Krise wie ausgedorrt fühlen und nach neuem Leben sehnen: Menschen mit Burn-out-Syndrom, Menschen mit depressiven Verstimmungen, Menschen in Zwangssituationen, Menschen mit Verlusterfahrungen usw. An Weihnachten kommt Gott in Jesus als schwaches und wehrloses Kind in diese Welt. In seiner Nähe sind Menschen aufgeblüht und haben neuen Lebenssinn und Mut geschöpft. Er hat Kranke geheilt, Trauernde getröstet und Tote zum Leben erweckt. Daran erinnert der Brauch der Barbarazweige.

Impulse

- Gibt es in meinem Leben Bereiche, die verkümmert sind und in denen ich neu aufblühen möchte?
- Kann ich konkrete Schritte dazu benennen?
- Stehe ich zu meinem Glauben, auch wenn ich dafür Nachteile in Kauf nehmen muss?
- Habe ich Überzeugungen, die ideologisch verhärtet sind oder in die ich mich fanatisch verrannt habe?
- Übe ich Druck auf andere aus bzw. haben andere unter meinen Überzeugungen zu leiden?
- Können andere Menschen in meiner Gegenwart aufblühen?
- Blühe ich selbst auf in der Nachfolge Jesu, der mir an Weihnachten ganz menschlich entgegenkommt?

Gebet

Gott, dein Sohn Jesus Christus hat neues Leben in die Welt gebracht, das keine Macht mehr auslöschen kann. Lass uns mit dieser Quelle verbunden bleiben. Stärke uns bei Widerständen, Ängsten und Zweifeln. Ermutige uns zur Entfaltung unseres Lebens. Lass uns zum Aufblühen anderer Menschen beitragen. Und hilf uns, dass uns mit dir das ewige Leben blüht. Amen.

5 Das brauch ich!

HALTESTELLE 5

Das brauch ich!

Im Rahmen der Aktion »Ankommen im Advent« habe ich Menschen gefragt, wie ihr Advent aussieht bzw. was Advent für sie bedeutet. Die Antworten wurden auf einer großen Kartonwand gesammelt. Von Mamas Hackbraten über den Adventskranz bis hin zu immateriellen Dingen wie Liebe, Hoffnung und Zuwendung wurde die Wand immer bunter. Der Advent ist voll von Bräuchen. Allen Erzählungen gleich war die Freude, die beim Erzählen der Beispiele den Menschen im Gesicht stand.

Auch ich habe meine Bräuche, die für mich unbedingt in den Advent gehören. Die Wohnung wird dekoriert und ein Adventskranz gehört unbedingt dazu. Über einen Adventskalender freue ich mich am meisten, und ich brauche Lichter in Form von Kerzen oder Lichterketten. All diese Dinge vermitteln mir ein Gefühl von Freude und Geborgenheit.

Was daraus folgen kann

Wir können dem Advent ein Gesicht geben. Verschiedene Bräuche und Traditionen bringen uns in die richtige Stimmung auf Weihnachten hin. Die kleinen und großen Äußerlichkeiten zeigen, dass hier und jetzt etwas völlig anderes passiert. Diese Dinge können jedoch auch dazu führen, dass sie das verbauen, was im Vordergrund stehen sollte. Es besteht die Gefahr, sich zu sehr auf die Äußerlichkeiten auszurichten.

Gott entscheidet sich, Mensch zu werden, um bei uns zu sein. Er will uns auf Augenhöhe begegnen, um uns seine Botschaft zu verkünden: Ich bin bei dir – in der kältesten Nacht, dann, wenn du dich ganz klein fühlst, im Kreise der Familie und auch während der Arbeit. Ich brauche diesen Gott, der sich mir zeigen will, der sich um mein Leben sorgt und mir täglich das schenkt, was ich wirklich brauche.

Darauf muss ich mich vorbereiten, damit die Botschaft länger hält als die Weihnachtsdeko in der Wohnung.

Impulse

- Was macht für mich den Advent zum Advent?
- Welche Bräuche gehören für mich dazu?
- Was brauche ich im Advent nicht?
- Was hilft mir, mich auf die Geburt Jesu vorzubereiten?
- Was hindert mich eher daran?
- Was bewahre ich mir vom Advent im Herzen?
- Brauche ich Gott in meinem Leben?
- Und wenn ja, wie gestaltet sich das auch außerhalb des Advents?

Gebet

Gott,
mitten im Advent überlege ich, wie es weitergeht. Was passiert nach Weihnachten, was geschieht, wenn ich dich dauerhaft in meine Welt kommen lasse? Hat mich der Advent verändert? Ich möchte die Erlebnisse und Begegnungen des Advents in meinem Herzen bewahren.
Lass mich auch außerhalb der Adventszeit all das Wunderbare tagtäglich genießen und die Freude des Mensch-Werdens erleben.
Amen.

6 Was soll ich schenken?

H HALTESTELLE 6

Was soll ich nur schenken?

Jedes Jahr muss ich mir diese Frage neu stellen. Weihnachten ist halt auch das Fest der Geschenke und die Adventszeit ist entsprechend Einkaufszeit. Das passende Geschenk zu finden stellt mich jedes Jahr vor große Herausforderungen. Was könnte ihm eine Freude bereiten, was hat sie noch nicht? Wenn ich dann noch weiß, dass ich von ihr oder ihm auch ein Geschenk bekomme, setzt mich das ganz schön unter Druck. Zum Glück ist der Advent vier Wochen lang; so bleibt Zeit genug zu suchen und kreativ zu sein.

Ein Weihnachten ohne Geschenke kann ich mir trotzdem nicht vorstellen. Es ist einfach spannend, zu sehen, wie sich die Gesichtszüge derer, die ein Geschenk erhalten und es auspacken, verändern: Vorfreude, Erwartung, Überraschung (manchmal auch Enttäuschung), pure Freude.

Was daraus folgen kann

Am 6.12. gedenken wir des Vorbilds des Schenkens: Bischof Nikolaus. Der Legende nach schenkte er auf heimliche Weise und unerkannt. Er verschenkte sein eigenes Geld an arme, junge Frauen, damit sie dieses als Mitgift in die Ehe bringen konnten. So ermöglichte Bischof Nikolaus ihnen die Heirat und bewahrte sie vor der Einsamkeit. Geschenke in diesem Sinn ermöglichen also das Leben.

Das Schenken heute erscheint mir fast zu einer Pflicht, einer Status- oder Selbstdarstellung geworden zu sein. Ein Geschenk aber ist freiwillig, beruht eindeutig nicht auf Gegenseitigkeit und sollte zu mehr Lebendigkeit beim Beschenkten führen. Bischof Nikolaus hat das bei den Menschen seiner Zeit mit Geld und anderen Gaben geschafft. Es müssen aber nicht immer materielle Geschenke sein. So wie Gott einfach Mensch wurde und als Sohn die Menschen zu mehr Leben führte, kann auch ich einfach als Mensch für andere zum Geschenk werden.

Impulse

- Was soll ich nur schenken?
- Wem möchte ich dieses Jahr eine besondere Freude machen?
- Was wünsche ich mir zu Weihnachten?
- Was wünsche ich mir von Gott?
- Was habe ich zu verschenken?
- Was erzeugt in mir Freude und Lebendigkeit?
- Warum schenke ich eigentlich? Aus Pflicht oder zur Selbstdarstellung?
- Wer braucht in meinem Umfeld wieder mehr Lebendigkeit? Was kann ich dafür tun?
- Wie kann ich anderen zum Geschenk werden?

Gebet

Gütiger Gott,
wenn ich mein Leben so betrachte, entdecke ich vieles, das du mir geschenkt hast und das Lebendigkeit in mir hervorruft. Dafür danke ich dir.

Geheimnisvoller Gott,
wenn ich genau hinschaue, entdecke ich auch manche Enttäuschung. Hier habe ich mir mein Leben anders vorgestellt. Daher bitte ich um Erkenntnis.

Lebendiger Gott,
dir möchte ich vertrauen. Du hast mir das Leben geschenkt und du zeigst mir den Weg des Lebens. Lehre mich, das weiterzugeben, was auch andere zu mehr Leben führt.

7 Den Träumen Raum geben

HALTESTELLE 7

Den Träumen Raum geben

Ich sitze bis spät in die Nacht hinein am Schreibtisch. Die Arbeit stapelt sich, will einfach nicht weniger werden. Mail für Mail wird bearbeitet. Hier eine erledigte Aufgabe, dort eine abgehakte To-Do-Liste. Auch der Papierkorb füllt sich, aber es ist einfach kein Ende in Sicht. Je länger ich sitze, desto mühsamer wird alles. Ich brauche viel Zeit, werde müde. Lust an der Arbeit? Fehlanzeige. Ich könnte mir einen schöneren Abend vorstellen. Gerade jetzt im Advent. Könnte mich mit Menschen treffen, die ich schon lange nicht mehr gesehen habe, könnte meinem verwaisten Sofa einmal wieder Gesellschaft leisten ...! Das wäre schön ... Ich schrecke hoch. Wo ist nur die Konzentration geblieben? Warum fange ich ständig an zu träumen? Das muss aufhören, oder ist das etwa ein versteckter Hinweis? Sollte ich dieses Träumen vielleicht doch ernst nehmen? Ich gehe zum Fenster, öffne es. Ich sehe den Sternenhimmel, die Straßenbeleuchtung. Ich atme tief durch. Spüre die wohltuende kalte Luft. Ich atme den Stress und die Müdigkeit aus. Und ich verliere mich im Blick in den Himmel.

Ich weiß nicht, wie lange ich so dastehe. Ich schließe das Fenster, kehre an den Schreibtisch zurück und beschließe, für heute Feierabend zu machen.

Was daraus folgen kann

Gelegentlich komme ich ins Träumen. Am Schreibtisch, beim Laufen, beim Autofahren, beim Blick in den Sternenhimmel, einfach in ganz unterschiedlichen Momenten. Solch ein Gelegenheits-Traum ist ein Geschenk des Himmels. Es ist kein Zeitverlust, es ist eine wohltuende und notwendige Auszeit. Ein Durchatmen, das ich mir selbst oft nicht gönne. Gott gönnt es mir. Er lädt mich dazu ein, manchmal muss er mich auch gehörig anstupsen, dass ich es merke. Ich verliere keine Zeit dadurch, ich gewinne Freiraum. Gelegentlich zu träumen öffnet die Seele auf Gott hin. Und ich sehe deutlicher, was wirklich wichtig ist. Ich finde mich wieder, finde zu mir. Ein Blick in die Weite rückt die Prioritäten zurecht. Und das kurze Träumen bündelt die Kräfte. In einem solchen Dahin-Träumen kann sich nämlich eine innere Sehnsucht melden, die sonst oft übersehen wird. Ich träume vielleicht auch von großen Plänen und Zielen, möglicherweise von unerreichbaren Visionen. Auch das ist wichtig. Denn dadurch, dass ich an etwas Großes glaube oder meine innere Sehnsucht sich nach etwas Großem ausstreckt, bekomme ich automatisch auch wieder mehr Kraft und Motivation für das Alltägliche. Die Arbeit geht wieder leichter von der Hand nach einem solchen Gelegenheits-Traum. Darum geht es auch im Advent: die Prioritäten neu sortieren; sich nach »dem Großen« ausstrecken; offen sein für Gott und für mich selbst. Statt einer erzwungenen Besinnlichkeit kann ein solches Träumen zu einem wahren Advents-Moment werden.

Impulse

→ Wann habe ich zum letzten Mal mitten am Tag geträumt?
→ Habe ich das Träumen zugelassen?
→ Habe ich eine Veränderung gespürt?
→ Kann ich das Träumen zulassen und meine innere Sehnsucht erkennen?
→ Wohin zieht sie mich? Was ist mein Traum, meine Vision, mein großer Lebensplan?
→ Kann mich der Gedanke daran auch für den Alltag beflügeln?
→ Finde ich auch andere Möglichkeiten, um immer mal wieder »abzuschalten«?
→ Wo will ich in meinem Leben die Prioritäten neu setzen? Kann ich mir auch einmal selbst etwas gönnen?

- Mit wem kann ich über meine Träume sprechen?
- Höre ich in all dem auch einen Hinweis von Gott heraus? Will er mir etwas sagen?

Gebet

Gott, unsagbar groß bist du, ein Geheimnis, du übersteigst mein Verstehen. Und dennoch bist du mir immer wieder so unglaublich nahe. Tief in mir, in der Stimme meiner Sehnsucht, höre ich dein Rufen. Du bist es, der mir Ruhe schenken will. Du zeigst mir meinen Weg, zeigst mir die funkelnden Sterne, nimmst mich mit in die Weite des Himmels, lässt meine Seele auftanken. Du hast einen großen Plan für diese Welt und für mein Leben. Auch ich habe viele Pläne. Hilf mir, dass ich meine Pläne immer wieder hinterfrage und mich innerlich nach deinem Plan ausstrecke. In meinem Träumen verbindet sich mein Lebensplan mit deinem Plan für diese Welt. Hier berühren sich Himmel und Erde. Hier spüre ich, wie du diese Erde liebevoll berühren willst, indem du deinen Plan zu meinem machen willst. Gott, du bist mir näher, als ich es oft meine, du bist da, nicht nur im Traum, sondern mitten im Leben. In meinem Träumen begegnest du mir, hier komme ich zur Ruhe, hier finde ich dich, hier finde ich mich.

8 Ein Ja

HALTESTELLE 8

Ein Ja

Nein: »Das geht nicht!«, »Das wird nicht funktionieren!«, »Das kann ich mir beim besten Willen nicht vorstellen!«
Die meisten Ideen und Vorschläge finden so ein schnelles Ende. Selbst Beziehungen kommen mit diesen Aussagen an ein Ende und es bleibt ein »Nein« stehen.
Wie viel reizvoller ist es demgegenüber, sich auf etwas einzulassen, zu sehen, wie einen ein Ja auf neue Ideen bringt, inspiriert, weiterführt. Auch wenn ich meist nicht erahnen kann, wo es hinführen wird. Aber das macht Lebendigkeit aus.
Keinesfalls sage ich nun zu jeder Situation oder Gelegenheit Ja und Amen. Das wäre naiv. Aber ich gebe dem Ja erst einmal eine Chance.

Was daraus folgen kann

In der Adventszeit und mit dem Blick auf Weihnachten geht es vor allem um die Geburt Jesu, auf die wir uns vorbereiten und dessen göttliches Menschwerden wir hier in unserer Welt feiern. Doch diesem Ereignis geht ein gewaltiges Ja voraus, ohne das dies alles nicht möglich gewesen wäre: das Ja Marias. Was wäre gewesen, wenn Maria »nein« gesagt hätte? Wie würde unsere Welt heute aussehen? Hätte Gott sich eine andere Frau gesucht? Wäre er von seinem Vorhaben entmutigt worden und wäre davon abgekommen?
Diese Fragen stellen sich nicht, denn Maria hat »ja« gesagt. Voller Vertrauen nimmt sie diese Gelegenheit an, ohne zu wissen, was die letzten Konsequenzen sind. Sie wagt es, auch wenn sie sich nicht bis ins letzte Detail sicher ist. Ein mutiges Ja hat die Welt verändert.

Impulse

- Wann sage ich bewusst »ja«?
- Sage ich zu allem Ja und Amen?
- Wozu fehlt mir der Mut, »ja« zu sagen?
- Wann sage ich reflexartig »nein«?
- Oder frage ich – wie Maria – lieber noch mal genau nach?
- Wer sagt »ja« zu mir?
- Spüre ich Gottes bejahende Zusage?
- Zu welcher Gelegenheit möchte ich demnächst bewusst »ja« sagen?

Gebet

Mein Gott,
gib mir die Kraft und den Mut
so ja zu sagen,
wie du zu mir und meinem Leben ja gesagt hast.

Mein Gott,
schenke mir die Möglichkeit
so ja zu sagen,
dass es zu mehr Leben führt.

Mein Gott,
ich wünsche mir
so ja zu sagen
in dem Vertrauen, dass du es zum Guten führst.

9 »Feierabenteurer« werden

HALTESTELLE 9

»Feierabenteurer« werden

»Gott liebt das Abenteuer« – so das Ferienmotto der Urlauberseelsorge auf einer Insel. In vielen thematischen Veranstaltungen wie Spielen, Gottesdiensten, Nachtwanderungen … wird dieses Thema spannend umgesetzt. Ich staune, wie viele gute Abenteuer man erleben kann und wie Gott dabei mit im Spiel ist. Auch aus der Bibel werden verschiedene Menschen vorgestellt, die im Vertrauen auf Gott Neues wagen und Höhen und Tiefen mit seiner Hilfe meistern. Gerne nehme ich mit meiner Familie die Angebote der Urlauberseelsorge an. Nach der Rückkehr aus dem Urlaub hat mich bald der Alltag wieder fest im Griff. Wehmütig denke ich an die schönen und abenteuerlichen Sommerferien zurück. Bis zur nächsten längeren Pause, den Weihnachtsferien, ist es noch so weit …

Was daraus folgen kann

In den Ferien erfüllen sich viele den Wunsch nach spannender und interessanter Abwechslung vom Alltag. Doch ist das schon alles? In den Ferien diese Sehnsucht zu leben und im normalen Alltag nur noch davon zu träumen? Sich sozusagen von Urlaub zu Urlaub zu hangeln und dazwischen mehr oder weniger zu »funktionieren«? Es gibt auch im beruflichen Alltag, nach Feierabend oder am Wochenende, Gelegenheiten, um kleine Abenteuer zu erleben, ein »Feierabenteurer« zu sein. Und bei den Menschen in der Bibel fällt mir auf: Sie haben ihr spannendes und abenteuerliches Leben mit Gott nicht im Urlaub, sondern im Alltag gelebt: Der stadtbekannte Sünder Zachäus etwa, der es gewagt hat, auf einen Baum zu klettern, um in der Menschenmenge Jesus zu sehen. Jesus nimmt ihn dadurch wahr und kommt sogar zu ihm nach Hause. Oder die Menschen, die einen Gelähmten zu Jesus bringen und diesen, da der Hauseingang von Menschen versperrt ist, auf abenteuerliche Weise durch das Dach zu Jesus hinunterlassen. Trotz des Widerstandes einiger aus dem »frommen Establishment« erfahren beide, Zachäus und der Gelähmte, Heilung und Neuanfang. Und die mutigen Helfer können nur noch dankbar staunen, was da geschieht: Gott liebt das Abenteuer. An Weihnachten feiern wir, dass Gott uns wie Zachäus und dem Gelähmten in Jesus ganz menschlich und auf «Augenhöhe” entgegenkommt. Mit ihm an der Seite kann ich mich auf das Abenteuer meines Lebens einlassen – und auch anderen ganz menschlich und auf Augenhöhe entgegenkommen.

Impulse

→ Bei welchen Gelegenheiten erfahre ich mein Leben als schön, spannend und abenteuerlich?
→ Wo finde ich im Alltag Raum und Zeit für wohltuende Unterbrechungen und Abenteuer?
→ Gibt es Menschen, mit denen ich gerne etwas unternehmen möchte?
→ Habe ich Angst, in meinem Leben Neues, Spannendes und Abenteuerliches zuzulassen?
→ Trage und ertrage ich andere Menschen im Abenteuer des Lebens?
→ Erkenne ich im bevorstehenden Weihnachtsfest das Abenteuer der Menschwerdung Gottes in Jesus, dessen Leben in einem Stall beginnt und in Kreuz und Auferstehung sich vollendet?
→ Wo will Gott mich aus der Enge der Gewohnheit in die Weite neuer Erfahrungen führen?
→ Kann ich die Höhen und Tiefen meines Lebens Gott anvertrauen?

Gebet

Gott, du selbst bist das Wagnis eingegangen und an Weihnachten in Jesus ein Mensch wie wir geworden. In einem Stall geboren und verfolgt, aber auch auf Hochzeiten eingeladen und bei Freunden und Sündern zu Gast. Du trägst und erträgst uns Menschen und führst uns ins Weite. Lass uns in der Nachfolge deines Sohnes erkennen, dass du in allen Höhen und Tiefen bei uns bist. Hilf uns, die Enge unseres Alltags immer wieder zu durchbrechen und mit dir Neues zu wagen. Führe uns durch das Abenteuer unseres Lebens zur Fülle in dir.

10 Bleib, wie du bist?!

HALTESTELLE 10

Bleib, wie du bist?!

»Bleib, wie du bist!« Diesen Satz habe ich schon oft gehört, und immer war er positiv gemeint im Sinne von »Lass dich nicht verbiegen!« oder »Bleib dir treu!«. Aber wenn ich es so recht überlege, ist dieser Satz fatal. Denn wenn ich mich nicht ändere, bleibe ich stehen. Bewegungslos, unfähig zu lernen, mich zu verändern, reifer zu werden, Erfahrungen zu machen. Was bleiben würde, ist Stillstand, Starrheit, Tod. Das ist in dem Satz natürlich nicht gemeint, aber es wäre die Konsequenz, wenn ich wirklich bliebe, wie ich bin, denn dann hörte ich auf zu leben. Ganz im Gegenteil soll es sein: Leben ist Veränderung. Leben ist Aktivität, ständiges Neuausrichten und Anpassen an Situationen und Menschen. Die Kunst dabei ist es, mitten in aller Wandlung sich selbst nicht zu verlieren. Das meint der Satz »Bleib, wie du bist«. Und so verstehe ich ihn auch, und deshalb freue ich mich trotzdem, wenn jemand zu mir sagt: »Du hast dich nicht verändert!« oder: »Du bist noch du!« – Und für mich ergänze ich: Trotz so vieler Dinge, die geschehen sind und die mich verändert haben, bin ich nach wie vor ich. Und wenn das wahrgenommen und gesehen wird, kann ich sagen: Alles richtig gemacht ...!

Was daraus folgen kann

Der Advent ist eine Zeit des Wandels. Hier habe ich die Gelegenheit, einmal ehrlich auf mich und mein Leben zu schauen. Ich entdecke darin immer wieder Dinge, die festgefahren sind. Situationen, in denen ich unbeweglich geworden bin, wo ich mich gegen Wandlung und Veränderung sträube in meinem Denken und Handeln. Bin das noch ich? War ich nicht anders? Das Leben verändert, es geht nicht spurlos vorüber. Erfahrungen prägen sich in unser Denken und Fühlen ein. Schönes wie Schmerzhaftes prägen unser Herz. Das verändert den ganzen Menschen. Wandlung ist etwas Anstrengendes, denn es fordert Veränderung. Aber die Welt wird durch Wandlung geprägt.

Der Advent lädt Jahr für Jahr dazu ein, einmal innezuhalten und zu schauen: Wo braucht es Veränderung in meinem Leben? Veränderung kann aktiv und passiv sein. Wenn ich nichts verändere, verändern mich andere, verändert sich das Umfeld. Hier bin ich herausgefordert, nicht stehenzubleiben, sondern aktiv Veränderung mitzugestalten.

Die Ankunft Gottes in dieser Welt an Weihnachten hat Veränderung mit sich gebracht. Das kann uns ermutigen, uns den verschiedenen Veränderungen zu stellen. Nicht verzagt, sondern hoffnungsvoll, denn wir glauben an einen Gott der Veränderung. Er will uns dazu Kraft geben, selbst an die Möglichkeit zur Wandlung zu glauben. Gott will, dass sich unser Leben wandeln lässt, hin zu mehr Liebe und mehr Leben. Dann feiern wir Ankunft, Advent, Gottes große Veränderung in der Welt und hoffentlich auch in unserem Leben. Dann sagt uns Gott zu: »Du bist wirklich, wer du bist! Du bist dir treu geblieben! Du hast die Gelegenheiten ergriffen, dich zu wandeln!«

Impulse

- → Was soll sich in meinem Leben wandeln?
- → Welches Verhalten stört mich und entspricht gar nicht mir?
- → Wer bin ich wirklich? Was ist mir wichtig?
- → Wie bin ich mir selbst treu?
- → Wo bin ich festgefahren und brauche Veränderung?
- → Wie komme ich da los? Wer hilft mir dabei?
- → Kann ich Gott zutrauen, dass er mich wandelt?
- → Was erbitte ich mir von ihm?

- Bin ich zufrieden mit mir? Was sagen mir andere? Wie sieht mich wohl Gott?
- Wo wandle ich mich selbst? Wo verändere ich selbst ganz bewusst etwas?

Gebet

Du Gott des Wandels, der du sagst »siehe, ich mache alles neu«, erneuere unser Denken, unser Fühlen und unser Handeln.
Wandle uns selbst zu den Menschen, die wir sein können und sollen.
Wandle unsere Hilflosigkeit in Aufbruch, unsere Einsamkeit in Bewegung, unser Verharren in Veränderung.
Wandle das Dunkle in helles Licht, wandle die Nacht zum Tag, wandle die Angst in neuen Mut.
Du Gott der Wandlung, der du sagst »ich bin bei euch alle Tage bis zum Ende der Welt«, wandle unsere Skepsis in Hoffnung, unsere Leere in Zuversicht, unsere persönliche Not in Liebe.
Wandle uns und diese Welt, auf dass wir Freude und Leben in Fülle spüren.
Wandle uns zu liebenden Menschen, die mit deiner Liebe auch die Welt verändern wollen.

11 Den Schatz der Erinnerung pflegen

H HALTESTELLE 11

Den Schatz der Erinnerung pflegen

Samstagvormittag im Advent. Im Trubel der Fußgängerzone sehe ich eine offene Kirchentür. Neugierig gehe ich hinein und setzte mich in eine Bank. In der Ruhe der Kirche kommen Erinnerungen an die Kindheit und Jugend in meiner Heimatgemeinde: Wie ich als Kind dort gelebt und Weihnachten gefeiert habe, die Menschen und die alten Freunde von damals, die Orte, die mir wichtig waren, wo ich so einiges erlebt habe … Mit etwas Wehmut und Sehnsucht stelle ich fest, wie viel mir diese Erinnerungen bedeuten und wie sehr ich sie in der Geschäftigkeit der letzten Jahre aus den Augen verloren habe. Durch die freie Zeit und die Ruhe in der Kirche hat sich in meinem Inneren so etwas wie ein »Schatz der Erinnerung« gemeldet.

Was daraus folgen kann

Besonders in der Advents- und Weihnachtszeit kommen bei vielen Menschen Erinnerungen an ihre Kindheit und Jugend hoch, die während des Jahres durch vielfältige Beschäftigungen kaum wahrgenommen oder verdrängt wurden. Johann Wolfgang von Goethe hat gesagt, dass Eltern ihren Kindern zwei Dinge mitgeben sollen: Wurzeln und Flügel. Auch »flügge« gewordenen und vielbeschäftigten Erwachsenen tut es gut, sich immer wieder an ihre Wurzeln zu erinnern. Ich habe nach diesem Erlebnis in der Kirche den Schatz meiner Erinnerung gepflegt und verschiedene Orte und Menschen meiner Kindheit besucht. Dies hat mir geholfen, mein Leben neu einzuordnen in ein großes Ganzes. Alte Bilder und Tagebücher haben mir dabei geholfen, den Schatz der Erinnerung wieder lebendig werden zu lassen. Vieles hat sich wohltuend relativiert: Vergangenes, das mich umgetrieben hat, erscheint nun in einem realistischeren Licht. Gegenwärtiges, das mich beschäftigt, wirkt im Gesamt meiner Lebensgeschichte nicht mehr so bedrängend. Und vor allem: Ich trage einen Schatz der Erinnerung in mir, den ich dankbar hüten und weiter füllen darf. Zu diesem Schatz gehören die schönen, aber auch die weniger angenehmen Erinnerungen. Weihnachten bedeutet, dass Gott in Jesus alles Menschliche annimmt und erlöst, damit Menschen frei und »beflügelt« werden für die Gegenwart und Zukunft.

Impulse

- Aus welchen Wurzeln komme ich und lebe ich?
- Darf der Schatz meiner Erinnerung hin und wieder geöffnet, betrachtet und neu gefüllt werden?
- Was hindert mich daran, meine Vergangenheit von Zeit zu Zeit zu betrachten?
- Welchen schönen Erinnerungen an Menschen, Orte und Situationen möchte ich mehr Zeit und Raum geben?
- Gibt es alte Bilder, Tagebücher o. ä., die mir dabei helfen können?
- Habe ich Bekannte, mit denen ich gemeinsam in Erinnerungen »schwelgen« kann?
- Gibt es Menschen, mit denen ich mich schon lange mal aussprechen will?
- Kann ich für andere ein Zuhörer und Ansprechpartner sein, wenn sie sich bei mir über ihre Vergangenheit aussprechen wollen?
- Tauchen schwierige Erinnerungen auf, die mir Angst machen?
- Kann ich mein bisheriges Leben Gott dankbar hinhalten, auch mit der Bitte um Heilung des noch Unerlösten?

Gebet

Gott, in all der Geschäftigkeit und Vergänglichkeit des Lebens tut es gut, verwurzelt zu sein. Du hast uns geschaffen und in dieses einmalige Leben gerufen. Lass uns nie vergessen, wo wir herkommen. Lass uns aber auch immer mehr »flügge« werden. Hilf uns, dankbar unser Leben anzunehmen und etwas Gutes daraus zu machen. Es tut gut zu wissen, dass du auch auf krummen Zeilen gerade schreiben kannst. Dankbar legen wir den Schatz unseres bisherigen, gegenwärtigen und zukünftigen Lebens in deine Hände.

12 Achterbahn des Lebens

HALTESTELLE 12

Achterbahn des Lebens

Früher hasste ich Achterbahnen, mittlerweile liebe ich sie. In der Achterbahn sind so viele Gefühle da: Freiheit, Leichtigkeit, Adrenalin, Nervenkitzel und bei mir auch Respekt und Anspannung, vielleicht auch etwas Angst. Bei einer Achterbahnfahrt kann ich mich gehen lassen, hier kann sich auch das Innere »ausschreien«, wenn man waghalsig durch den Looping geschleudert wird … »Fast wie fliegen«, so hieß es schon manchmal beim Aussteigen und ich kann das Gefühl bestätigen, denn hier ist wirklich Freiheit erlebbar und spürbar. Ich habe mir schon öfters gedacht: Jetzt einfach weiterfliegen, auf und davon. Dem Himmel entgegen, das Vertraute unter einem immer im Blick. Getragen von der Luft, den Blick nach vorne gerichtet. Eine grenzenlose Weite würde sich eröffnen. Einfach schön wäre das …

Was daraus folgen kann

Der Advent ist für mich auch eine Zeit des »Fliegens«. Es geht darum, zu mehr Freiheit zu finden.

Sich von manchem frei zu machen, was mir an Last auferlegt wird an Erwartungen und Anforderungen. Die Adventszeit ist dazu da, diesen Druck abzuschütteln, sich auf sich zu konzentrieren und der eigenen Freiheit mehr Raum zu geben. Immer wieder versuche ich mir dies oder jenes vorzunehmen, und merke dann regelmäßig, wie schwierig es ist, das durchzuhalten, weil doch wieder so viel anderes wichtiger erscheint.

Wenn Advent aber etwas mit Ankommen zu tun hat und auch »adventure«, also das Abenteuer, dazugehört, dann ist das für mich der Ruf der Freiheit. Ein Abenteuer ruft nach Freiheit, nach Weite, nach Neuem. Es braucht Mut, sich darauf einzulassen, und es braucht einen mutigen ersten Schritt ins Abenteuer, aber dann eröffnen sich neue Welten. Das Leben ist ein solches Abenteuer mit Höhen und Tiefen, mit Achterbahnfahrten, mit Leicht-Sinn und Tief-Sinn, mit Phasen des Fliegen-Wollens und Phasen des dankbaren Auf-der-Erde-Stehens.

Auf jeden Fall ist es wichtig, auch den Advent als ein solches Abenteuer zu betrachten. Wohin will Gott mich führen? Bin ich bereit, mich mit ihm auf den Weg zu machen? Advent riecht nicht nur nach Zimt und Mandeln, sondern auch nach Freiheit, nach der Freiheit des Lebens.

Gott wird Mensch, um zu leben und zu erleben, wie und was auch wir (er)leben. Er geht einen mutigen Schritt, der auch Leidvollem nicht ausweicht. Er steigt ein in die Achterbahn der Welt. Und er zeigt uns, was am Ende dabei herauskommt: Freiheit. Ewiges Leben.

Eine Achterbahnfahrt ist für mich die Erinnerung an diese Freiheit, die Gott uns schenken will und die wir schon jetzt entdecken können mitten im Abenteuer dieses Lebens.

Impulse

- Wovon will ich mich in dieser Adventszeit frei machen?
- In welchen Momenten und an welchen Orten spüre ich Freiheit?
- Bin ich bereit, kleine oder große Dinge zu ändern, um in meinem Leben voranzukommen?
- Glaube ich, dass Gott einen Weg für mich vorgesehen hat und dass er mich begleitet?
- Welche Höhen und Tiefen gab und gibt es in meinem Leben?
- Was ist meine »Achterbahnfahrt«, die mich für das Abenteuer Leben motiviert?

Gebet

Gott, du bist ein Gott des Aufbruchs und der Freiheit. Du willst uns zu einem erfüllten Leben führen. Du hast Großes mit uns vor und traust uns zu, das Abenteuer des Lebens zu bestehen. Du willst, dass wir »fliegen«, getragen von dir, dem Himmel entgegen, den Blick nach vorne gerichtet. Du willst, dass wir die Achterbahn des Lebens fahren, offen für Neues, für dich, für unsere Mitmenschen und du willst, dass wir trotzdem mit beiden Beinen auf der Erde stehen. Dir wollen wir vertrauen, von dir wollen wir uns tragen lassen, mit dir wollen wir aufbrechen, dich wollen wir neu entdecken in diesen Tagen des Advents. Dich wollen wir ankommen lassen mitten in unserem Leben.

13 Leuchtendes Vorbild

HALTESTELLE 13

Leuchtendes Vorbild

Am 13. Dezember ist der Gedenktag der hl. Lucia. Der Name bedeutet »die Leuchtende«. Sie lebte im 3. Jahrhundert in Syrakus auf Sizilien. In einer Zeit der Christenverfolgung versorgte sie geflüchtete Christen mit Lebensmitteln in ihren unterirdischen Verstecken und kümmerte sich um Kranke. Um beide Hände frei zu haben zum Tragen, setzte sie sich einen Kranz mit Lichtern auf den Kopf. So konnte sie den Weg durch die Dunkelheit finden. Lucia wehrte sich vehement gegen eine Zwangsehe mit einem heidnischen Mann. Dieser verriet sie schließlich und sie wurde aufgrund ihrer Standhaftigkeit und ihres christlichen Lebens hingerichtet. Durch Lucia ist es heller geworden für die, die im Dunkeln leben mussten. In ihrer eigenen Dunkelheit hat sie die tragende Kraft des Glaubens erfahren. So ist sie vor Weihnachten ein leuchtendes Vor-Bild und verweist auf Jesus, der von sich selbst sagt: »Ich bin das Licht der Welt. Wer mir nachfolgt wird nicht in der Finsternis umhergehen, sondern wird das Licht des Lebens haben« (Johannesevangelium 8,12).

Was daraus folgen kann

In der dunkelsten Jahreszeit kurz vor dem Weihnachtsfest werden immer mehr Kerzen angezündet. Mitten in all den Geschäftigkeiten und Vorbereitungen droht jedoch manchmal der Blick für das Wesentliche verloren zu gehen. Lucia war erfinderisch: Sie nutzte den Lichterkranz auf ihrem Kopf, um beide Hände frei zu haben. Und sie nutzte die Kraft des wahren Lichtes, ihren Glauben an Gott, um ihr Leben selbstbestimmt zu gestalten und keine faulen Kompromisse einzugehen. Jesus sagt nicht nur, dass er für uns das entscheidende Licht ist, sondern auch, dass wir dieses Licht für andere sind: »Ihr seid das Licht der Welt (…) So soll euer Licht vor den Menschen leuchten…« (Matthäusevangelium 5,14ff).

Wir sollen wie Lucia ein leuchtendes Vorbild für andere sein. Ich kann kurz vor Weihnachten nochmals innehalten und nach dem schauen, was mir wirklich Kraft gibt, wo ich wie Lucia entschlossener handeln und für andere Licht sein möchte. Weltweit denken immer noch viele an diese Frau, die mutig und selbstbewusst ihr Leben aus dem Glauben gestaltet und anderen Menschen Licht gebracht hat. Besonders in Schweden tragen heute Abend Mädchen einen Lichterkranz auf dem Kopf, um an sie zu erinnern. Ich kann am Gedenktag von Lucia auch einen Brauch übernehmen: Mancherorts wird heute »Luciaweizen« in flache und feucht gehaltene Tonschalen gesät. Dieser keimt und wächst so kräftig, dass er am Heiligen Abend aufgestellt oder in die Krippenlandschaft miteinbezogen werden kann. So erinnert er an die Kraft Gottes und an die wieder keimende Natur.

Impulse

- → Wo sind in all den Geschäftigkeiten Lichtblicke in meinem Leben, denen ich mehr Raum geben möchte?
- → Wer oder was kann mich dabei entlasten, wo kann ich die Arme freibekommen für das Wesentliche?
- → Bin ich ein Licht für andere?
- → Kann ich wie Lucia vertrauen, dass Gott mir die Kraft zu einem selbstbestimmten Leben schenkt?
- → Gibt es faule Kompromisse, die ich ändern möchte?
- → Nutze ich die Kraft des Glaubens, um vom »wahren Licht« erleuchtet und gestärkt zu werden?
- → Wie bereite ich mich auf Weihnachten vor?
- → Gibt es Bräuche oder Rituale, die mir dabei helfen?

- Gibt es Vorbilder, von denen ich einiges für mein Leben übernehmen kann?
- Wo möchte ich ein Vorbild sein?

Gebet

»Und das Licht leuchtet in der Finsternis, und die Finsternis hat es nicht erfasst« (Johannesevangelium 1,5).

Gott, in den Dunkelheiten bei mir selbst und in den Dunkelheiten anderer Menschen ist es oft schwierig, einen Lichtblick zu finden. Lass mich deshalb nicht resignieren oder in faule Kompromisse abgleiten. Schenke mir wie Lucia einen festen Glauben an Jesus, der als Licht der Welt in allem fest zu mir hält. Lass mich die Arme freibekommen, um anderen Menschen Licht zu bringen. Auf dem Weg Richtung Weihnachten vertraue ich auf deine Erleuchtung und deine Kraft.

14
Glühwein für die Seele

HALTESTELLE 14

Glühwein für die Seele

Adventszeit ist Glühweinzeit. Ich mag das heiße Getränk natürlich besonders dann, wenn es draußen richtig kalt ist – und am liebsten in Gesellschaft. Der Ort ist für mich zweitrangig. »Gehen wir Glühwein trinken?« – das kann auf dem Weihnachtsmarkt stattfinden oder zu Hause.

Irgendwie gehört dieses Getränk einfach dazu. Ja, man könnte sogar sagen: Der Glühwein steht symbolisch für mehr. Er ist nicht nur Ausdruck für die Sehnsucht nach Wärme und Gemeinschaft. Er bringt auch Leute zusammen und sorgt so wie ein Katalysator für Wärme und Gemeinschaft.

Was daraus folgen kann

Ich stelle mir vor, wie es zur Zeit der Geburt Jesu war. Bethlehem, der Stall, Winter, Nacht, Kälte, Jesus in Windeln gewickelt in der Krippe, keine Heizung.

Die Wärme wird ausschließlich von den im Stall lebenden Tieren und den Eltern, Maria und Josef produziert. Sie halten das Kind warm. Die menschliche Nähe gibt ganz natürlich Wärme ab. Das Kind wird umsorgt und geliebt: Auch im übertragenen Sinn brauchen wir die Nähe anderer Menschen, um unsere Seele zu wärmen. Gefühlskalte Menschen beschreiben wir als emotionslos, ignorant und empathielos. Die herzliche Wärme von Menschen, die uns ihre Aufmerksamkeit schenken, macht lebendig und hält am Leben.

Gott hat Jesus nicht einfach schutzlos als Kind in diese Welt geschickt. Er hat seinen Sohn in die wärmende Obhut einer Familie gesandt. Bereits ganz am Anfang hat Gott Mann und Frau zur gegenseitigen Ergänzung und Hilfe geschaffen. Hilfe brauchen wir immer dann, wenn wir etwas allein nicht schaffen. Wir sind geschaffen, uns gegenseitig liebende Wärme zu geben. Indem wir einander beistehen, trösten, ermutigen, ermuntern, stützen, halten, begleiten, aufrichten, kurz gesagt: einander lieben.

Liebe ist der Glühwein für die Seele.

Impulse

- → Mit welchen Menschen verabrede ich mich?
- → Wann wird es mir warm ums Herz?
- → Wer schenkt mir menschliche Wärme?
- → Gibt es jemanden, dem ich die kalte Schulter gezeigt habe?
- → Gibt es Situationen, in denen ich mich einsam fühle?
- → Wem schenke ich meine Liebe weiter?
- → Und wem nicht?
- → Spüre ich, dass Gott mich liebt?

Gebet

Gott,
du Licht in eisiger Nacht,
zeige mir den Weg
zu den einsamen Menschen,
um sie mit deiner Liebe zu wärmen.

Gott,
du Licht im kalten Stall,
wärme uns
durch die fürsorglichen Hände
eines liebenden Menschen.

Gott,
du Licht in meinem Herzen,
entfache in mir
die Liebe
für alles, was du liebst.

15 Das rollende Büro

HALTESTELLE 15

Das rollende Büro

Ich bin beruflich viel im Auto unterwegs. Manchmal höre ich Radio, manchmal CD und manchmal denke ich über dies oder jenes nach. Manche Autofahrt wird aber auch zur intensiven »Bürozeit«. So manche Predigt und so mancher Impuls ist auf einer Autofahrt entstanden und so manches Mal habe ich über mich und mein Leben nachgedacht und mir vieles ausgemalt. Es gab auch Autofahrten, die mehr waren als ein rollendes Büro, manche Fahrt wurde zu einer Gebetszeit. Denn beten ist ja nichts anderes, als mit Gott in Verbindung zu sein, ihm mein Leben hinzuhalten. Gerade wenn der Alltag (im Advent) besonders stressig scheint oder ist, helfen mir die Autofahrten, um zur Ruhe zu kommen, um einen Moment lang Zeit zu haben für mich selbst. Während dieser Zeit muss ich nichts leisten (außer natürlich das aufmerksame Fahren!), hier kann ich meine Gedanken kommen und gehen lassen. Hier habe ich mitten im Fahren und Unterwegs-Sein eine Auszeit, eine (adventliche) Haltestelle.

Was daraus folgen kann

So oft ich es versuche und von langer Hand plane, ich schaffe es einfach nicht, den Advent von Terminen und Stress freizuhalten. Deswegen zu verzweifeln ist keine Option, vielmehr suche ich nach anderen Möglichkeiten. Momente, die ohnehin vorkommen (müssen) in meinem Leben, wie zum Beispiel das Autofahren. Die Zeit ist gesetzt. Statt mich abzulenken oder mich über die anderen Verkehrsteilnehmer/Innen zu ärgern, kann ich mich auch der Stille aussetzen – kann mich Gott aussetzen. Ich kann diese Auszeit zur Gebetszeit werden lassen. Es muss ja auch nicht die ganze Fahrt sein, aber einen kleinen Moment zum Auftanken kann ich mir gönnen.

Ich kann entweder still sein, tief durchatmen, ruhig werden, Kraft tanken. Oder ich nehme die Landschaft (und den Verkehr!) wahr und fange an, Gott zu loben und ihm zu danken. Ich lasse meinen Gedanken oder Worten freien Lauf. So, wie sie aus dem Herzen kommen, dürfen sie vor Gott sein. Oder aber mir geht ein Thema nicht aus dem Kopf, mich beschäftigt eine Situation. Ich kann sie Gott anvertrauen wie einem guten Freund. Ich erzähle ihm davon, ich erleichtere mein Herz. Oder ich habe ziemlich genaue Bitten und Sorgen, die ich endlich einmal loswerden will. Gott ist flexibel. Er freut sich über eine solche Gebetszeit, auch im rollenden Büro. Gott ist nämlich immer unterwegs, er ist der Ankommende. Für Gott ist immer Advent, er will bei uns ankommen, im Herzen, im Leben, auch im Auto. Und wenn wir bei ihm ankommen, wenn sich unser Ankommen mit seinem trifft, dann ist Advent. Dann berühren sich Himmel und Erde. Dann wird Weihnachten, weil Gott zu uns finden konnte, weil wir zu ihm gefunden haben. Mitten im Leben, eine adventliche Fahrt.

Impulse

- → Welche Situationen könnten – wie die Autofahrt – in meinem Alltag zu »Gebetsmomenten« werden?
- → Was würde ich gerne vor Gott bringen?
- → Was liegt mir auf dem Herzen?
- → Welche »Zwischenzeiten« gibt es noch in meinem Leben, und wie fülle ich sie?
- → Fällt mir Beten leicht oder schwer? Gibt es eine »Lieblings-Gebets-Form«?
- → Wie gestalte ich die (längeren) Autofahrten?
- → Kann ich hier einmal Zeit für mich und Gott einplanen?

Gebet

Gott des Advents, des Ankommens,
Gott der Nähe, des Nahe-Seins,
Gott, der du Verbindung suchst zu uns
und dieser Welt,
komm an in unserem Leben.

Gott, den ich suche, finden will, ersehne,
Gott, so fern und doch so nah,
komm an in unserem Alltag.

Gott, unscheinbar gegenwärtig, überall,
komm an in unserem Herzen.

Gott, du bist angekommen. und du wartest –
auf mich.

16 Ein Kommen und Gehen

HALTESTELLE 16

Ein Kommen und Gehen

Endlich geschafft! Ich stehe zum ersten Mal dieses Jahr auf dem Weihnachtsmarkt und habe mich mit ein paar guten Freunden auf den einen oder anderen Glühwein verabredet. Jeder ist viel beschäftigt und geht seiner Tätigkeit nach, da ist es nicht leicht, sich zu treffen und zusammenzukommen. Während ich auf sie warte, beobachte ich mein Umfeld. Ich finde es spannend, Menschen zu beobachten und mir vorzustellen, was sie wohl beschäftigt und bewegt, woher sie kommen, wohin sie gehen, was sie denken ... Und hier auf dem Weihnachtsmarkt ist es wirklich ein Kommen und Gehen. Aber auch ein Verweilen, Erzählen und Spaß haben. Manchen sieht man an, dass sie einen Moment Auszeit suchen vom Trubel des Alltags. Anderen sieht man an, dass sie Sorgen haben, dass sie etwas beschäftigt. Und in den Gesichtern der Kinder sieht man die strahlende Freude über all die Süßigkeiten und das bunte Treiben.

Ein Kommen und ein Gehen und dazwischen ein Verweilen – »wie das Leben insgesamt«.

Was daraus folgen kann

Weihnachten ist nicht für alle Menschen das Fest der Liebe. Für viele ist die Advents- und Weihnachtszeit eine sehr harte und traurige Zeit. Viele Menschen vermissen in diesen Tagen Angehörige, Erinnerungen kommen hoch, manche Menschen sind in dieser Zeit am Leben verzweifelt. In dieser »dunklen Jahreszeit« ist nicht umsonst das Symbol des Lichtes so wichtig, und trotzdem ist dieses Licht bei vielen Menschen getrübt. Viele Familien geraten über die Feiertage in Streit, kleine Auseinandersetzungen können im großen Chaos enden. Auch das ist Advent und Weihnachten. Und dann noch der Blick in die weite Welt, wo es für viele Menschen nicht Weihnachten wird, weil das Nötigste zum Leben fehlt … Vom Ursprung her ist aber gerade das Weihnachten: eine Familie unterwegs, ohne Unterkunft, eine komplizierte Familienkonstellation, ein uneheliches Kind, eine Flucht vor politischen Größen.

Weihnachten – kein Fest des Kitsches, sondern harte Realität. Und gleichzeitig doch ein unendlich großes Zeichen der Liebe Gottes zu uns Menschen. Gott wird einer von uns, ist sich nicht zu schade, in den Dreck des Stalles und der Menschheitsgeschichte zu kommen und ein Leben zu leben, das als Konsequenz den Tod hat. Gott steigt ein in unser Kommen und Gehen, in die vergängliche Welt. Und das ist das Licht der Hoffnung. Er ist da, auch in den Ungerechtigkeiten dieses Kommens und Gehens. Er kann sie nicht wegnehmen, aber er kann dabei sein: Er verweilt an unserer Seite mit seinem Licht. Und das kann wirklich Hoffnung machen. Für mich ist das sehr wichtig, dass Weihnachten die Realität im Blick hat und gerade deshalb zum Fest der Liebe wird, weil wir neu lernen können, wie wertvoll die einzelnen Momente des Verweilens sind und wie wichtig es ist, sie zu genießen, denn auch für uns heißt es immer wieder: Wir kommen und wir gehen. Aber Gott geht nicht mehr. Er verweilt, er bleibt. Das ist das Weihnachtswunder.

Impulse

- Welche Emotionen spüre ich, wenn ich an Weihnachten denke?
- Gibt es Momente, die mir wertvoll sind / waren? Kann ich mich immer wieder an sie erinnern?
- Wie und wo kann ich vor Weihnachten noch etwas »verweilen«? Mit wem will ich noch »unvergessliche« Momente erleben?

- Sehe ich das Weihnachtswunder? Sehe ich das Licht der Hoffnung? Kann ich glauben, dass Gott an meiner Seite ist?
- Für wen will ich in diesen Tagen besonders beten?

Gebet

Guter Gott, du kommst uns entgegen in dieser Zeit des Wartens und Erwartens. Du kommst uns entgegen, wenn wir uns auf deine Ankunft vorbereiten.
Komm, Herr, in die Realität dieser Welt, wie damals in Bethlehem.
Komm, Herr, in die Nöte dieser Zeit, dort, wo wir Menschen herzlos handeln.
Komm, Herr, und bleibe bei uns, verweile du mit uns, lass uns deine Nähe erfahren, dein Licht sehen, deine Wärme spüren.
Komm, Herr, und lass uns Hoffnung haben auf dein Kommen und in unserem Gehen und einst in unserem Verweilen bei dir.

17 Gelegenheitsläufer

HALTESTELLE 17

Gelegenheitsläufer

Während eines Urlaubs verspüre ich Lust auf Dinge, die ich schon lange vorhabe. Dazu gehört auch, mich mehr zu bewegen und das Joggen wieder zu beginnen. Also renne ich los … Doch schon nach wenigen Metern merke ich, wie mir die Puste ausgeht. Etwas frustriert bleibe ich stehen und gehe langsam weiter. Nach einigen Schritten sehe ich eine Sitzbank und mein Ehrgeiz packt mich wieder: wenigstens bis zu dieser Bank! Japsend komme ich dort an und gönne mir eine Verschnaufpause. Jetzt erst entdecke ich, wie schön die Landschaft ist und was es alles zu sehen gibt! Ich genieße die Aussicht und erhole mich. Nach mehreren Minuten suche ich mir einen weiteren Zielpunkt in einigen hundert Metern Entfernung, zu dem ich als nächstes joggen will. Auch dort gehe ich dann im Schritttempo weiter oder mache einen kurzen Halt, während ich die herrliche Landschaft genieße. Das Ganze wiederholt sich: laufen, die Umgebung genießen, weiterlaufen, erholen … und so mache ich meine erste Runde Jogging nach langer Zeit ganz anders als geplant.

Was daraus folgen kann

Während der weiteren Urlaubstage wiederhole ich diese Form des »Gelegenheitslaufens«. Im Loslassen meiner festgelegten Vorstellung, wie Joggen eigentlich richtig sein müsste, erlebe ich neue Dinge und lerne: Ich brauche mich nicht verbissen unter Druck zu setzen. Diese Herangehensweise lässt sich auch auf andere Bereiche des Lebens übertragen. Vielleicht male ich ja gerne oder mache Musik und komme nur selten dazu. Ich kann »Gelegenheitsmaler« oder »Gelegenheitsmusiker« werden – mir Gelegenheiten suchen, um einfach locker damit anzufangen und Spaß dabei zu haben. Vielleicht wollte ich schon lange mal wieder mehr Kontakt zu bestimmten Menschen oder zu Gott suchen. Ich kann die Gelegenheit zu einer Tasse Kaffee oder einem kurzen Gebet unterwegs als lockeren Einstieg nutzen und schauen, wie ich weitermachen möchte.

Im Advent darf ich mir die Zeit gönnen, um mein Leben ruhig anzuschauen und nach Gelegenheiten zu suchen, wie ich meine Vorhaben umsetzen möchte. Ich kann mich dabei inspirieren lassen von den adventlichen und weihnachtlichen Texten der Bibel. Ein Beispiel dafür ist der Weg der Sterndeuter, die ihrem »Lebensstern« gefolgt sind, ohne genau zu wissen, was sie dabei erwartet. Dadurch haben sie große Freude erfahren und sind auf neuen Wegen weitergegangen (Matthäusevangelium 2,1–12).

Impulse

- → Gibt es etwas, das ich schon seit längerem vorhabe?
- → Was hindert mich daran, dies zu tun?
- → Was führt mich zu mehr Freude?
- → Was möchte ich ändern in meinem Leben?
- → Wer oder was ist mir hilfreich dabei?
- → Wo bin ich unzufrieden und vielleicht verbissen?
- → Welche Gelegenheiten in meinem Leben will ich nutzen?
- → Lasse ich mich durch Rückschläge entmutigen?
- → Wie kann ich anders an die Dinge herangehen, die mich beschäftigen?
- → Was sind die ersten Schritte und Voraussetzungen, damit ich locker mit dem Laufen in die Richtung beginnen kann, in die ich mein Leben bringen möchte?

Gebet

»Und sie zogen auf einem anderen Weg heim in ihr Land« (Matthäusevangelium 2,12).

Gott, wie die Sterndeuter damals bin ich auf der Suche nach dem, was meinem Leben Glanz und Erfüllung gibt. Doch das ist nicht einfach bei dem vielen, das mich in Beschlag nimmt. Und mit all dem, womit ich mich selbst manchmal unter Druck setze. Hilf mir in diesem Advent, meinem »Lebensstern« mehr Raum zu geben: dem, was mir wirklich wichtig ist. Dem, was mich mehr zu mir, zu den Mitmenschen und zu dir führt. Zeige mir wie den Sterndeutern die Gelegenheiten dazu und gib mir Mut, diese zu nutzen. Lass mich dabei deinem Sohn Jesus Christus begegnen und auf einem neuen Weg mein Leben weiterführen.

18 Zu voll

HALTESTELLE 18

Zu voll

Ein Gelehrter reist zu einem Zen-Meister, um ihn nach Gott, der Unendlichkeit, der Meditation und vielem anderen zu befragen. Der Meister hört sich schweigend all die Fragen des Mannes an. Nach einer Weile sagt er: »Du hast eine weite Reise hinter dir und siehst müde aus. Ich werde dir eine Tasse Tee machen.«

Während der Meister den Tee zubereitet, brennt der Gelehrte vor Ungeduld. Er war schließlich nicht zum Teetrinken gekommen, sondern um Antworten auf alle seine Fragen zu bekommen! Der Meister nimmt die Kanne und beginnt, dem Gelehrten Tee in seine Tasse einzuschenken. Schnell ist die Tasse voll und der Tee läuft über den Rand.

»Halt, Sie Narr! Was tun Sie denn da? Sehen Sie denn nicht, dass die Tasse voll ist?«

Da lächelt der Meister und spricht: »Und genauso ist es mit dir. Dein Verstand ist wie diese Tasse: überfüllt mit Fragen. Selbst wenn ich dir Antworten geben würde, hätten sie gar keinen Platz mehr in deinem Kopf, denn es passt dort genauso wenig hinein wie in diese Tasse. Geh also und leere deine Tasse. Und komm wieder, wenn Platz darin ist« (nach einer Zen-Geschichte).

Was daraus folgen kann

Als die hochschwangere Maria und ihr Mann Josef nach Bethlehem kommen, suchen sie nach einer Unterkunft, in der Maria ihr Kind zur Welt bringen kann. Keines der Gasthäuser bietet Herberge. Sie sind zu voll. Die Welt hat scheinbar keinen Platz für Gott. Schließlich die Rettung, als ein Wirt den Stall anbictet. Er überwindet in aller Not das »zu voll«. Ein Mensch kann den Unterschied machen. Ein Mensch, der barmherzig ist. Hier ist Platz für Gott.

Wir schließen Türen und Herzen, wo wir Menschen auf Abstand halten: sei es, weil wir sie ignorieren oder beurteilen; weil wir in der besseren Position stehen bleiben, statt anderen Menschen den Rücken zu stärken; weil wir unsere Möglichkeiten und uns selbst zu geringschätzen oder weil wir ganz konkret unsere Türen und Grenzen verschließen, um das eigene zu schützen, statt es zu teilen. Wir sind oft zu voll: zu voll mit Macht, Minderwertigkeitsgefühlen und Angst. Advent und Weihnachten bieten die Gelegenheit, uns davon zu befreien.

Impulse

- → Welche Fragen gehen mir durch den Kopf?
- → Mit welchen Dingen ist meine »Tasse« bis zum Rand gefüllt?
- → Von was will ich mich freimachen?
- → Was hilft mir, die Tasse zu leeren?
- → Vor was oder wem verschließe ich die Tür?
- → Welchen Menschen in meinem Umkreis sollte ich einen Platz einräumen?
- → Wie kann ich Gott einen Platz in meinem Herzen bereiten?
- → Gott klopft an. Bin ich bereit?

Gebet

Mein Leben ist voll von
Menschen,
Terminen,
Aufgaben,
Gegenständen,
Sorgen,
Wünschen,
Dingen, die ich zum Leben brauche,
Dingen, die ich mir leiste,
Erinnerungen,
Erwartungen,

Liebe,
Trauer,
Hass,
Arbeit,
Glaube,
Hoffnung,
Zweifel,
Fragen,
…
und vielem mehr.

Manches davon erfüllt mich.
Vieles davon überfüllt mich.

Gott,
lass mich frei werden von den Dingen,
die mein Leben blockieren.
Ich möchte Platz machen
in meinem Herzen
für andere,
für dich, Gott.

19 Mutanfälle

H HALTESTELLE 19

Mutanfälle

Es gibt diese bestimmten Momente im Leben, Momente zwischen »Jetzt bist du dran, du bist gefordert« und »Ich warte ab, vielleicht ist da jemand anderes, der das besser kann.« – Ich ertappe mich immer wieder selbst dabei, wenn es darum geht, jemandem zu helfen.

Oft fühle ich mich unsicher. Kann ich überhaupt helfen? Braucht er oder sie denn Hilfe, bin ich vielleicht übergriffig? Vielleicht ist hier noch jemand Kompetenteres und hilft bestimmt? Ich warte ab, ich zögere. Eine Unsicherheit macht sich in mir breit.

Daneben gibt es dann aber die Momente, wo mich ein Mutanfall packt. All diese Fragen kommen erst gar nicht. Ich stehe einfach auf, gehe auf die Person zu und biete meine Hilfe an. Dieser Mutanfall ist frei von jeglicher Vorab-Reflexion. Die Situation wird erkannt, in mir regt sich etwas Unbeschreibliches, ich handle.

Was daraus folgen kann

Warum verlieren wir den Mut? Selbstzweifel und Unsicherheit blockieren uns oder verleiten uns sogar dazu, Dinge zu tun, die gerade in die andere Richtung führen.

Ich denke an Josef, den Ehemann von Maria. Noch vor der Geburt hegen ihn Zweifel und Unsicherheit. Er überlegt, Maria zu verlassen. Was ist das Richtige in dieser Situation?

Beistand kommt von einem Engel, der spricht: »Fürchte dich nicht.« Dieser Satz fällt in vielen weiteren Situationen, z.B. bei Maria, als sie die Botschaft empfängt, dass Gott sie ausgewählt hat, oder bei den Hirten auf dem Feld, die sich anschließend auf den Weg zur Krippe machen. Viele Entscheidungen erfordern Mut von uns, da sie häufig, wie bei Josef, viel von uns abverlangen. Der einfachere Weg wäre es oft, der Angst nachzugeben und abzuwarten, ob da jemand ist, der besser geeignet ist. »Fürchte dich nicht«, sagt der Engel und löst einen Mutanfall aus.

Impulse

- Welche Situationen machen mir Angst, verunsichern mich und lähmen mich?
- Welche Engel sprechen mir Mut zu?
- Was war mein letzter Mutanfall?
- Wem kann ich »Fürchte dich nicht!« zusprechen?
- Vor welchen schwierigen Situationen oder Entscheidungen stehe ich?
- Wo warte ich darauf, dass jemand anderes an meiner Stelle handelt?

Gebet

Gott spricht,
hab Vertrauen
in deine Fähigkeiten.

Gott spricht,
hab Mut
zu entscheiden.

Gott spricht,
mach dir keine Sorgen.
Ich führe es zum Guten.

Gott spricht,
fürchte dich nicht!
Ich bin bei dir
alle Tage deines Lebens.

20 Anhalten und tauchen gehen

HALTESTELLE 20

Anhalten und tauchen gehen

In meiner Kindheit und Jugend war ich im Familienurlaub leidenschaftlich gern schnorcheln. Zum Tauchen hat mir der Mut gefehlt, aber meine Neugier brachte mich zum Schnorcheln. Ich fand es faszinierend, wie sich im Meer plötzlich eine ungeahnte Welt eröffnete, die man von außen betrachtet gar nicht wahrnimmt oder vermutet. Ich ging also regelmäßig auf Entdeckungsreise und war begeistert zu sehen, was die Tiefen so alles bereithielten. Manche Entdeckung war auch furchteinflößend, wenn plötzlich auch im seichten Wasser eine Muräne hinter einem Felsen hervorschaute, an dem ahnungslose Badegäste vorbeigingen. Die Tiefe hatte beides: Schönheit und Schrecken. Wer abtaucht sucht das Schöne und findet zwangsläufig auch das Beängstigende. Beides zeigt sich im Blick nach unten. Nach dem Auftauchen ist es plötzlich anders: Mein Blick hat sich geweitet, ich habe Erfahrungen gesammelt und neue und ungeahnte Eindrücke bekommen. Das Abtauchen hat mich verändert.

Was daraus folgen kann

Eine adventliche Gestalt ist Johannes der Täufer. Der Vorläufer von Jesus tauft die Menschen und ruft zur Umkehr auf. Auch Jesus stellt sich seinem Ruf und seiner Taufe. Johannes der Täufer taucht die Menschen in den Jordan hinab und zieht sie als neue Menschen wieder heraus. Das ist das Symbol unserer Taufe geblieben (auch wenn das Übergießen des Wassers nur noch erahnen lässt, welches Symbol dahintersteckt). Es ist die Bewegung hinab, in die Tiefe, ins Dunkle, in eine gefährliche und faszinierende Welt, die dem oberflächlichen Blick verborgen bleibt. In der Tiefe begegne ich mir, auch meinen Schattenseiten, meinem Inneren, meiner Sehnsucht. Ich entdecke verborgene Schönheiten und überraschende Ängste, ich sehe Vielfalt und Beschränktheit. Ich spüre den Drang nach »Umkehr«, nach der Aufwärtsbewegung, die rettend ist, die mir neue Luft schenkt, die Freiheit, Weite bringt, mich aus der Enge befreit. Das entscheidende im Leben ist das Auftauchen. Nicht »unten« zu bleiben. Umkehr ist Neuanfang, neues Leben, neu geboren werden als neuer Mensch. Der Täufer steht für diesen Prozess, der nicht nur die Taufe betrifft, sondern das ganze Leben: ein Auf und Ab oder besser: ein Ab und Auf!

Es lohnt sich, diesen Weg zu gehen, einmal hinabzutauchen, sich verändern zu lassen, das Schöne wie auch das Herausfordernde wahrzunehmen, anzunehmen, sich all dem zu stellen - und dann wieder aufzutauchen als neue, veränderte Menschen, die ihren Blick geweitet haben hinein in eine andere Welt: in die eigene und in die unseres Gottes, der uns als ganze Menschen sieht und annimmt. Auch das ist Advent: Ankunft bei mir, bei ihm, im Leben.

Impulse

- → Spüre ich Themen in mir, die ich ausblende, die mich aber dennoch nicht loslassen?
- → Finde ich den Mut, mich ihnen zu stellen, in sie »einzutauchen«?
- → Wer oder was hilft mir, wieder »aufzutauchen«?
- → Entdecke ich in mir neue Seiten, eine neue, schöne, faszinierende »Welt«?
- → Gibt es Menschen, die ich zu einer »Tauch-Gelegenheit« ermutigen kann?
- → Welche Bedeutung hat meine Taufe für mich? Erkenne ich das »neue Leben«?
- → Kann ich mich in dieser Zeit neu auf Gott einlassen / ausrichten?

Gebet

Gott, du schenkst uns Zeiten der Umkehr und Menschen, die wie Johannes der Täufer auf diesen Prozess hinweisen. Unser Leben ist immer bruchstückhaft, wir können es nie ganz begreifen und verstehen. Du aber liebst uns und willst uns zu neuen Menschen machen. Diesen Weg hat uns Jesus gezeigt und vorgelebt. Hilf uns, den Weg der Taufe immer wieder zu gehen: hinabzusteigen in die Realität unseres Lebens, die verborgenen Seiten in der Tiefe zu entdecken und dann neu hineinzugehen in unseren Alltag. Du bist es, der die nötige Kraft dazu gibt. Du bist es, der mit uns geht auf diesem Weg. Du bist in der tiefsten Tiefe schon da und steigst mit uns in die höchste Höhe. Du umgibst uns mit deiner Liebe und Zuneigung und sagst uns nur eines immer wieder zu: Ich liebe dich, du Menschenkind!

21

Nach den Sternen greifen

H HALTESTELLE 21

Nach den Sternen greifen

Wussten Sie, dass man Sterne kaufen und verschenken kann? Ein schönes Symbol und eine gute Geschäftsidee. Wer träumt nicht vom eigenen Stern …? Naja, nett ist das zwar, aber mir ist noch etwas für mich viel Schöneres begegnet: »Es ist ein Menschenrecht, nach den Sternen zu greifen«, so sagte einmal ein früherer Papst. Dieses Wort hat mich berührt. Oft werden Menschen, die nach den Sternen greifen wollen, als Tagträumer oder Ähnliches bezeichnet, als Menschen ohne Realitätsbezug. Ich glaube, das ist falsch. Für mich heißt »nach den Sternen greifen« etwas anderes: Ein Mensch hat eine Sehnsucht. Er oder sie weiß: Da muss noch mehr sein im Leben. Es braucht einen großen Traum, um die Realität aushalten und positiv gestalten zu können. »Nach den Sternen greifen« heißt: eine Hoffnung haben. Ich wünsche mir solche Sterne, die uns aufwecken aus dem Schlaf der Sicherheit und der Gleichgültigkeit, Sterne, die uns ins Leben führen und zu Gott. Ich mache Gebrauch von diesem Menschenrecht, nach den Sternen zu greifen, und Sie?

Was daraus folgen kann

Unser Leben ist geprägt von zweierlei Empfindungen: dem Guten und dem Schlechten – und einer ganzen Bandbreite dazwischen. Schlechte Erfahrungen sind für viele Menschen prägend, sind eine Realität, lassen sie zweifeln an einem guten Plan oder einem höheren Sinn. Und gleichzeitig ist im Zweifeln doch auch immer eine kleine Hoffnung, ob es nicht doch noch mehr gibt … Der Mensch trägt eine Sehnsucht in sich, die mehr will; eine Sehnsucht, die das Gute will.

Der Advent lädt uns ein, uns diesen beiden Realitäten unseres Lebens zu stellen. Dabei kann uns der Stern helfen. Der Stern steht für die Sehnsucht, für das Faszinierende, das Schöne und Unbegreifliche. Und der Weg zu ihm steht für die bittere Realität des Lebens. Laufe ich los? Traue ich dem Stern, traue ich anderen und traue ich überhaupt mir selbst?

Das Schöne am Stern ist, dass wir in ihn all unsere Hoffnung und Sehnsucht hineinlegen können. Er ist ein Symbol für mein Suchen und meinen Wunsch nach dem Großen und Unmöglichen. Und gleichzeitig lässt er Raum für Fragen und Zweifel. Lohnt es sich wirklich, ihm zu folgen? Der Stern gibt keine vorschnellen Antworten, er ist einfach da, und er geht mit. Es liegt an mir, ob ich mich traue, ihm traue ... Wenn ich losgehe, ist er da und er bleibt da. Er führt mich ans Ziel, aber gehen muss ich selbst. Nur so wird es Weihnachten, wenn Menschen ihrem Stern im Leben folgen, ihrer Sehnsucht; wenn sie den Mut finden, ins Leben zu gehen, trotz schlechter Erfahrungen und mit den Zweifeln. Denn: Gott geht mit. Er bleibt da. Das hat er uns an Weihnachten gezeigt. Auch für uns leuchtet sein Stern und wir dürfen anfangen, Sterndeuter zu sein oder eben nach den Sternen zu greifen, auf dass wir zu ihm finden – und zu uns ...

Impulse

- Welche Hoffnungen und Sehnsüchte verbinde ich mit »meinem Stern«?
- Welche Zweifel und Sorgen habe ich?
- Wo wünsche ich mir neuen Mut, einen Schritt weiterzukommen?
- Traue ich mir selbst? Traue ich meinen Mitmenschen? Und traue ich Gottes Zusage, für mich da zu sein?
- Bin ich noch auf der Suche nach dem Weg durch mein Leben, oder habe ich »meinen Stern« schon gefunden und folge ihm?

Gebet

Du bist da, Gott, in den Ängsten und Zweifeln, im Suchen und im Scheitern.
Du bist da, Gott, in den Neuanfängen, den ersten Schritten, dem Mut für den Blick nach vorne.
Du bist da, Gott, im Gehen des eigenen Weges, im Folgen des Sternes, in der Sehnsucht nach Leben.
Du bist da Gott, im Staunen über deine Größe, im Erkennen deiner Liebe, im Deuten deines Willens.
Du bist da, Gott, im Vertrauen in andere, in dich und in mich selbst.
Du bist da, Gott, in meinem Leben, in meinen Träumen, in meinem Greifen nach den Sternen.

OPEN YOUR ARM
#OpenToSyria

22 Zuflucht finden

Zuflucht finden

Über dem Eingangsportal meiner Heimatkirche ist eine große sogenannte Schutzmantelmadonna angebracht. Maria, die Mutter Jesu, breitet ihren weiten Mantel aus. Darunter sind unterschiedliche Personen dargestellt, die Zuflucht finden. Alle, die den Kirchenraum betreten oder verlassen, gehen unter diesem schützenden Mantel durch. Maria ist das Symbol einer Kirche, die sich um alle sorgt, besonders aber um die Bedürftigen. Die Darstellung begleitet mich seit Kindheitstagen und ihre Botschaft wird mir immer deutlicher: In der Kirche sollen alle Menschen Geborgenheit finden. Egal ob Frauen, Männer, Kinder, Senioren, Arme, Reiche, Fremde, Einheimische … Kirche ist ausnahmslos für alle da. Vor jeder Leistung und trotz aller Schuld.

Was daraus folgen kann

Viele Menschen engagieren sich in der Gemeinschaft der Kirche und finden darin lebendigen Glauben und Sinn für ihr Leben. Manche fühlen sich jedoch ausgeschlossen. Es gibt »Fromme«, die anderen Menschen ihren rechten Glauben absprechen. Es gibt Kirchengesetze, die so exklusiv wirken, dass Menschen sich ausgegrenzt fühlen. Es gibt Suchende, die auf Antworten treffen, die sie entweder nicht verstehen oder die an ihrer Lebenswirklichkeit vorbeigehen. Es gibt Menschen, die »Schiffbruch« in ihrem Leben erlitten haben und keine Barmherzigkeit und Hilfe erfahren. Das ist das Gegenteil dessen, was Kirche im Symbol der Schutzmantelmadonna eigentlich sein sollte. Dieses Bild weitet die Vorstellung einer exklusiven Kirche nur für die Frommen oder diejenigen, die sich für solche halten. Es ist eine im wahrsten Sinn des Wortes »katholische«, d. h. wörtlich übersetzt allumfassende Darstellung: Kein Mensch ist ausgeschlossen von der Liebe Gottes, die an Weihnachten in Jesus Hand und Fuß bekommen hat. Ausgrenzung und scheinheiliges Verhalten entsprechen nicht dem Willen Jesu. Dies wird schon in der Erzählung von der Geburt Jesu deutlich: Die ersten, die nach Maria und Josef das Wunder der Menschwerdung Gottes erleben dürfen, sind die Hirten, die als »outdoors« wenig angesehen waren und draußen übernachten mussten. Die Sterndeuter stehen für Menschen aus allen Nationen, die zu Jesus finden. Selbst ein so mächtiger Einheimischer wie

König Herodes konnte sie durch seine scheinheiligen Machenschaften nicht aufhalten.

Impulse

- Wo suche ich in meinem Leben Zuflucht und Geborgenheit?
- Finde ich sie auch in meinem Glauben?
- Kenne ich »besondere Räume«, wie z.B. eine Kirche, in der ich aufatmen und zur Ruhe kommen kann?
- Lasse ich mich auch mit meinen Zweifeln, Fragen und dunklen Seiten von Gott lieben?
- Wage ich, zu mir zu stehen, so wie ich bin – und wage ich auch Veränderung?
- Wie ist mein Verhältnis zu Menschen, die anders sind als ich: die anders denken, leben, glauben?
- Wo scheint bei mir die Menschenfreundlichkeit Gottes durch, die an Weihnachten in Jesus Hand und Fuß bekommen hat?
- Wo sorge ich dafür, dass Menschen in Not geholfen wird und dass Menschen sich in der Gemeinschaft der Kirche willkommen fühlen?

Gebet

Gott, in Jesus Christus bist du für alle Menschen in unsere Welt gekommen, besonders aber für die Bedürftigen und diejenigen, die Zuflucht suchen. Danke für das große Vorbild von Maria, die in allen Höhen und Tiefen zu ihrem menschenfreundlichen Sohn Jesus gestanden und andere Menschen zu ihm geführt hat. Danke für alle Menschen, die deine Menschenfreundlichkeit authentisch leben und verkünden. Lass mich deine liebende Nähe spüren und in Anspruch nehmen. Und gib, dass auch durch mich deine Menschenfreundlichkeit Hand und Fuß für andere bekommt.

23 Plane ein Wunder

HALTESTELLE 23

Plane ein Wunder

Vor kurzer Zeit fiel mir eine Postkarte in die Hände. Darauf stand der Spruch: »Plane ein Wunder!«
Mir hat diese Aufforderung sehr gefallen. Im ersten Moment dachte ich, dass ich diese Postkarte direkt an Gott verschicken sollte. Denn unsere Welt kann noch einige Wunder gebrauchen. Ich habe die Karte bis heute behalten. Mir gefällt die Idee, weil sie mich herausfordert. Im Planen bin ich ganz gut: Termine, Aktionen, Ausflüge – aber Wunder? Wie soll ich etwas planen, das unerklärbar ist und gleichzeitig Staunen und Verwunderung auslöst?

Was daraus folgen kann

Im Advent bewegen wir uns auf eines der größten Wunder in der Geschichte von Gott und Mensch zu. Gott wird Mensch – auf eine Weise, die wir bis heute nahezu unerklärlich finden, die uns in Staunen und Verwunderung versetzen darf. Gott, groß und unbegreiflich, wird Mensch, ganz klein und fassbar. Gott will, dass wir ihn verstehen können. Er möchte sich begreifbar machen. Dafür begegnet er uns in Jesus auf Augenhöhe und lässt uns das Wunder seiner Liebe verstehen.

Jesus hat es immer wieder geschafft, Menschen, die am Rand der Gesellschaft standen, wieder in die Gemeinschaft zu integrieren: Zachäus, Bartimäus oder die Sünderin, die Jesus die Füße salbt.

Eine wunderbare Aufgabe auch für uns heute. Denn Gott möchte, dass alle Menschen, alle Völker in sein Reich kommen. Der Advent bietet jede Menge Gelegenheiten für das Wunder der Gemeinschaft, damit in dieser besonderen Zeit niemand einsam sein muss. Plane ein Wunder.

Impulse

- Wie sehen die Planungen für meinen persönlichen Advent aus?
- Welche Wunder begegnen mir in meinem Leben?
- Welche Wunder wünsche ich mir?
- Wo bin ich bereits zum Wunder für meine Mitmenschen geworden?
- Welches Wunder plane ich ganz konkret?

Gebet

Wunderbarer Gott,
hilf mir, in diesen Tagen die Menschen zu sehen, die einsam und alleine sind. Gib mir die Kraft und den Mut, auf sie zuzugehen, sie anzusprechen und sie in die Gemeinschaft mit uns und dir zu führen. Zeige mir das Wunder, Mensch zu werden, damit auch ich der Mensch werden kann, den du in mir siehst. Amen.

24 Im zweiten Anlauf helfen

HALTESTELLE 24

Im zweiten Anlauf helfen

Am frühen Morgen besteige ich den Zug und mache mich auf den Weg zu einer Konferenz. Im vollen Großraumabteil höre ich seltsame Geräusche. In einer Ecke steht ein junger Mann, der sich heftig übergeben muss. Die Leute neben ihm wenden sich angewidert ab. Gedanken schießen mir durch den Kopf: Wenn ich jetzt hingehe und ihm helfe, beschmutze ich meine Konferenzkleidung – ich habe nur diese Hose und diesen Sakko dabei! Während ich mir solche Gedanken mache, geht ohne Zögern ein dunkelhäutiger Mann zu dem Hilfsbedürftigen. Er reicht ihm Papiertaschentücher, damit er sich reinigen kann. Dann beugt er sich zu ihm nieder, erkundigt sich nach seinem Zustand und gibt ihm ein Medikament gegen Brechreiz. Ich bin erleichtert: Offenkundig ist es ein Arzt, der viel professioneller helfen kann, als ich es gekonnt hätte … Gleichzeitig bin ich beschämt: Was mache ich mir nur für Gedanken um mich selbst, während es einem anderen Menschen schlecht geht!

Was daraus folgen kann

Weihnachten bedeutet, dass Gott mir als Mensch begegnet und immer neue Gelegenheiten zum Menschsein schenkt. Ich kann mich auf das Fest der Menschwerdung Gottes vorbereiten, indem ich sensibler für andere Menschen und deren Schicksale werde. Und indem ich gleichzeitig meine eigenen Ängste und Sorgen, die mich daran hindern wollen, ernst nehme. Während der restlichen Zugfahrt notiere ich mir Situationen, bei denen ich wenigstens im »zweiten Anlauf« helfen könnte: Mal wieder anrufen bei dem Bekannten, dessen Beziehung vor einiger Zeit in die Brüche gegangen ist. Einen Besuch im Krankenhaus oder Seniorenheim machen. In einer Gruppe mitarbeiten, die sich um andere Menschen kümmert, spenden oder … Wenn ich auch manchmal mit spontanen Situationen überfordert bin – es hindert mich niemand daran, Helfer im zweiten Anlauf zu werden.

Impulse

- Wie sieht es mit meiner Hilfsbereitschaft aus?
- Wo bin ich zu zögerlich und zurückhaltend?
- Welche Gelegenheiten möchte ich ergreifen?
- Was hindert mich daran?
- Gibt es Ängste, selbst zu kurz zu kommen oder Nachteile zu erfahren, wenn ich helfe?
- Sind diese Bedenken berechtigt?
- Lasse ich mich entmutigen, wenn meine Hilfe nicht ankommt oder von anderen nicht geschätzt wird?
- Wo in meinem Leben macht Helfen Freude?
- Lasse ich mir selber von Menschen und von Gott helfen?

Gebet

»Mach es wie Gott, werde Mensch!« (F. Kamphaus)
Gott, deine Freude ist es, bei den Menschen zu sein. Dein höchstes und wichtigstes Gebot ist, dass wir dich über alles lieben und unseren Nächsten wie uns selbst. Auch wenn ich nicht alle Not der Welt lindern kann: Zeige mir die Gelegenheiten, die in meiner Macht liegen. Gib mir den Mut, über meinen Schatten zu springen, wenn meine Hilfe gefragt ist. Lass mich bei all dem erfahren, dass du mich über alles liebst. Und dass ich auch mich selbst lieben und mir Gutes tun darf.

Haupttitel: © nick vangopoulos/shutterstock.com, **1** © privat, **2** © Romrodphoto/shutterstock.com, **3** © Antonio Gravante/shutterstock.com, **4** © Christopher Elwell/shutterstock.com, **5** © knallgrün/photocase.com, **6** © Bildagentur Zoonar GmbH/shutterstock.com, **7** © Jaromir Chalabala/shutterstock.com, **8** © ChiccoDodiFC/shutterstock.com, **9** © View Apart/shutterstock.com, **10** © hxdy/shutterstock.com, **11** © Miriam Doerr Martin Frommherz/shutterstock.com, **12** © I-ing/shutterstock.com, **13** © Hans Christianson/shutterstock.com, **14** © Louis Grauf (Hintergundgrafik © Gobbaphotographer/iStock.com), **15** © ambrozinio/shutterstock.com, **16** © subin pumsom/shutterstock.com, **17** © Jo Panuwat D/shutterstock.com, **18** © Dragon Images/shutterstock.com, **19** © Ahkka/photocase.com, **20** © Rostislav Ageev/shutterstock.com, **21** © Saibarakova Ilona/shutterstock.com, **22** © paintings/shutterstock.com, **23** © sajola/photocase.com, **24** © Pressmaster/shutterstock.com

Bibliografische Informationen der Deutschen Bibliothek
Die Deutsche Nationalbibliothek verzeichnet diese Publikation in der Deutschen Nationalbibliografie; detaillierte bibliografische Daten sind im Internet über <http://dnb.d-nb.de> abrufbar.

© 2018 Echter Verlag, Würzburg
www.echter-verlag.de

Druck und Bindung: Friedrich Pustet, Regensburg
Coverfoto © nick vangopoulos/shutterstock.com
Gestaltung: wunderlichundweigand

ISBN 978-3-429-05321-5